Impressum
Verlag: BABADADA GmbH, Nedderfeld 112 , 22529 Hamburg
Geschäftsführer / Verlagsleitung: Harald Hof
Druck: Books on Demand GmbH, In de Tarpen 42, 22848 Norderstedt

Imprint
Publisher: BABADADA GmbH, Nedderfeld 112 , 22529 Hamburg, Germany
Managing Director / Publishing direction: Harald Hof
Print: Books on Demand GmbH, In de Tarpen 42, 22848 Norderstedt

# escola

# l'école

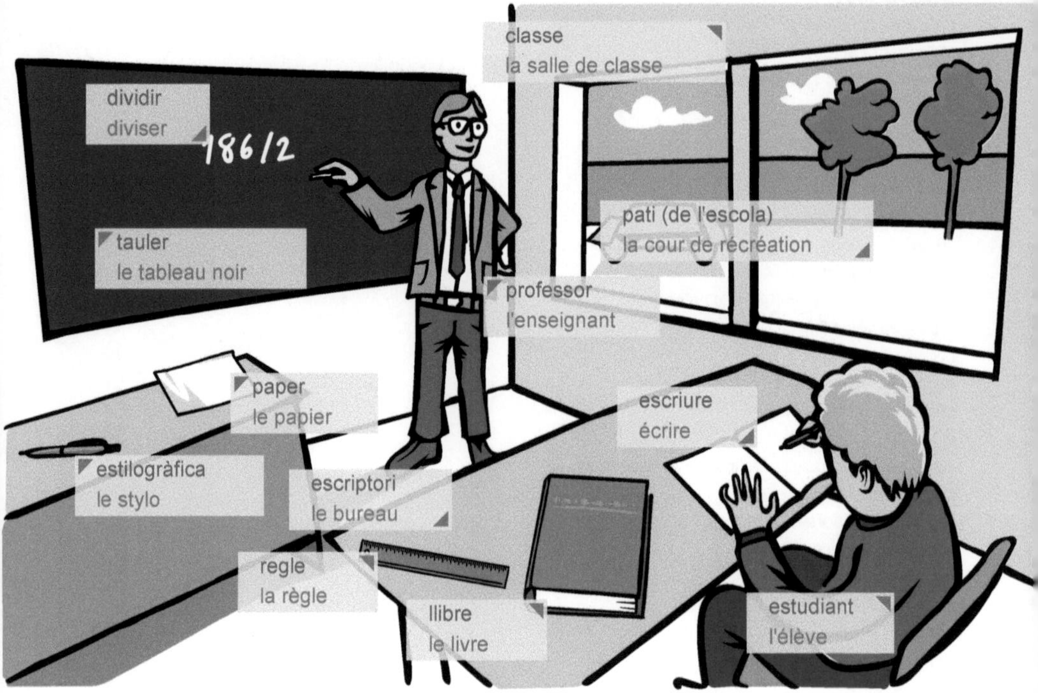
classe
la salle de classe
dividir
diviser
186/2
tauler
le tableau noir
pati (de l'escola)
la cour de récréation
professor
l'enseignant
paper
le papier
escriure
écrire
estilogràfica
le stylo
escriptori
le bureau
regle
la règle
llibre
le livre
estudiant
l'élève

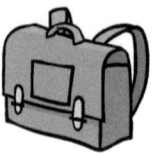

bossa

le sac d'école

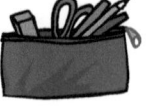

estoig

la trousse

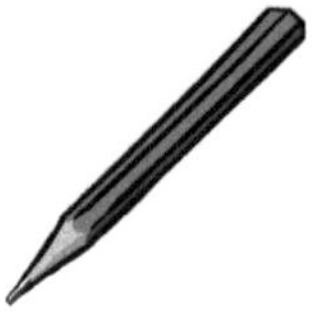

llapis

le crayon

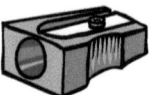

maquineta de fer punta

le taille-crayon

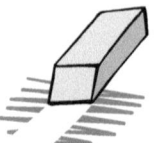

goma

la gomme

bloc de dibuix

le carnet à dessin

dibuix

le dessin

pinzell

le pinceau

capsa de pintures

la boîte de peinture

tisores

les ciseaux

cola

la colle

quadern d'exercicis

le cahier d'exercices

deures

les tâches

nombre

le chiffre

afegir

additionner

sostreure

soustraire

multiplicar

multiplier

calcular

calculer

lletra

la lettre

alfabet

l'alphabet

mot

le mot

text

le texte

llegir

lire

guix

la craie

lliçó

la leçon

llibre de classe

le livre de classe

examen

l'examen

certificat

le certificat

uniforme escolar

l'uniforme scolaire

formació

la formation

enciclopèdia

le lexique

universitat

l'université

microscopi

le microscope

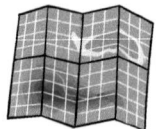

mapa

la carte

paperera

la corbeille à papier

# viatge
# le voyage

hotel
l'hôtel
Grand
alberg
l'auberge
ROOMS
CHANGE
oficina de canvi
le bureau de change
maleta
la valise
automòbil
la voiture

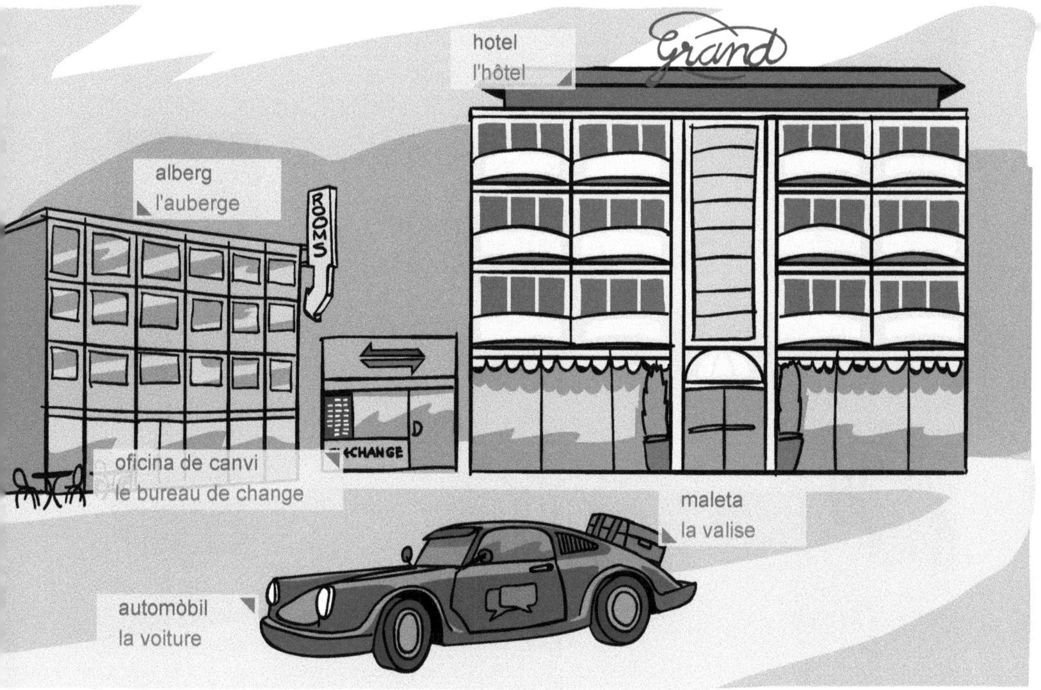

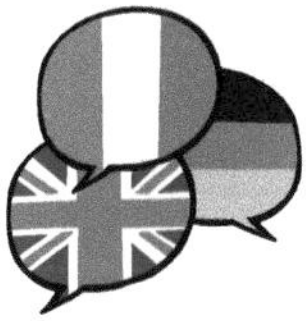

llengua
la langue

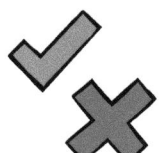

sí / no
oui / non

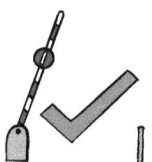

D'acord
d'accord

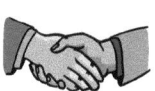

Ey!
Salut

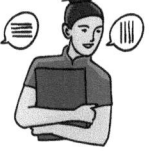

traductora
l'interprète

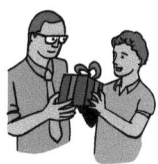

gràcies
merci

Quant costa... ?

Combien coûte...?

No entenc

Je ne comprends pas

problema

le problème

Bona nit!

Bonsoir!

bon dia!

Bonjour!

bona nit!

Bonne nuit!

fins aviat

Au revoir

direcció

la direction

bagatge

les bagages

bossa

le sac

sarrona

le sac-à-dos

convidat

l'hôte

cambra

la pièce

sac de dormir

le sac de couchage

tenda

la tente

oficina de turisme

l'office de tourisme

platja

la plage

carta de crèdit

la carte de crédit

esmorzar

le petit-déjeuner

dinar

le déjeuner

sopar

le dîner

bitllet

le billet

ascensor

l'ascenseur

segell

le timbre

frontera

la frontière

duana

la douane

ambaixada

l'ambassade

visat

le visa

passaport

le passeport

# transport

# le transport

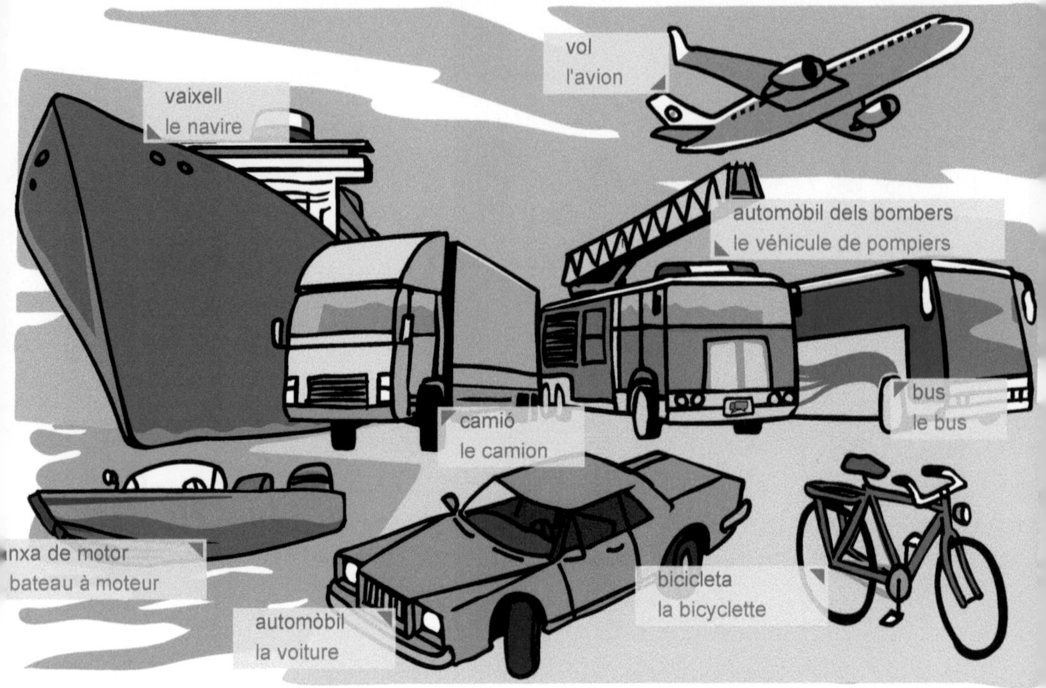
vol
l'avion
vaixell
le navire
automòbil dels bombers
le véhicule de pompiers
bus
le bus
camió
le camion
nxa de motor
bateau à moteur
bicicleta
la bicyclette
automòbil
la voiture

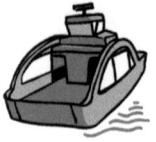

transbordador

le ferry

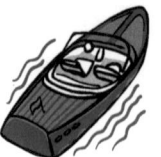

barca

la barque

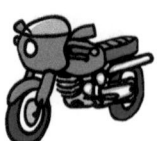

moto

la moto

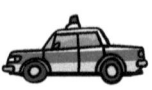

automòbil de policia

la voiture de police

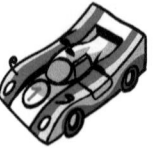

automòbil de curses

la voiture de course

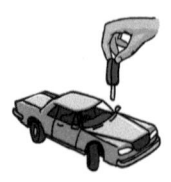

automòbil de lloguer

la voiture de location

vehicle compartit

l'autopartage

grua

la dépanneuse

camió de les escombraries

la benne à ordures

motor

le moteur

benzina

l'essence

benzineria

la station d'essence

senyal de trànsit

le panneau indicateur

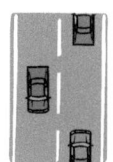

trànsit

le trafic

embús

l'embouteillage

aparcament

le parking

estació de trens

la gare

vies

les rails

tren

le train

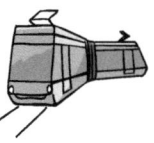

tramvia

le tram

vagó

le wagon

helicòpter

l'hélicoptère

aeroport

l'aéroport

torre

la tour

passatger

le passager

contenidor

le container

capsa de cartó

le carton

carretó

le chariot

cistella

la corbeille

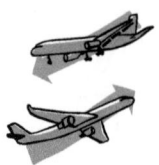

enlairar-se / aterrar

décoller / atterrir

## ciutat

## la ville

poble

le village

centre de la ciutat

le centre-ville

casa

la maison

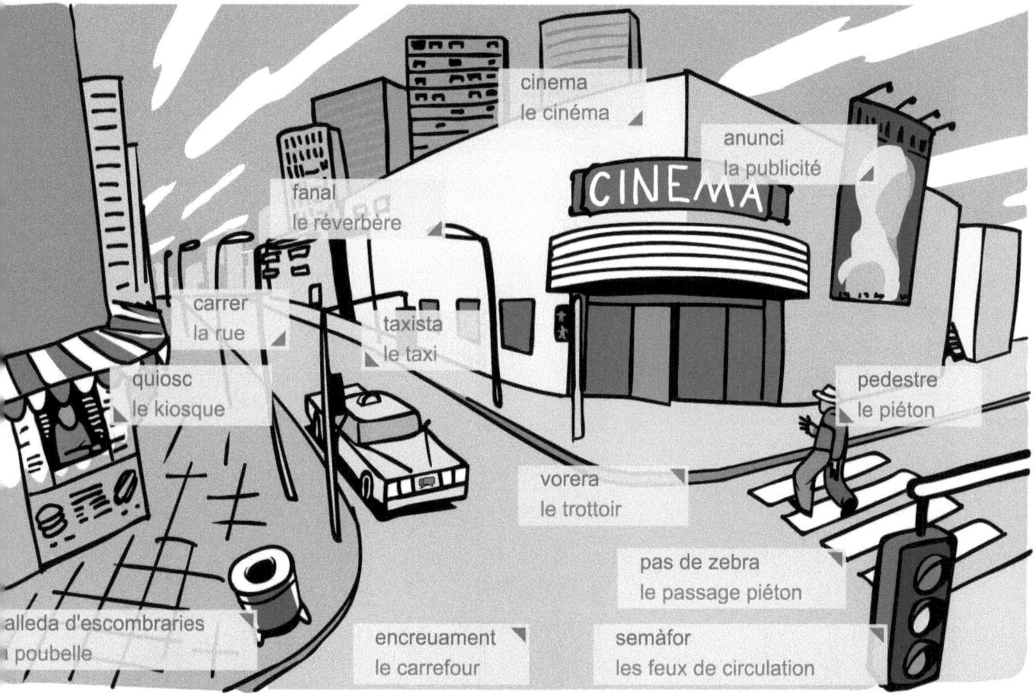

cinema
le cinéma

anunci
la publicité

fanal
le réverbère

carrer
la rue

taxista
le taxi

quiosc
le kiosque

pedestre
le piéton

vorera
le trottoir

pas de zebra
le passage piéton

alleda d'escombraries
poubelle

encreuament
le carrefour

semàfor
les feux de circulation

cabana

la cabane

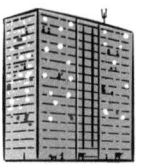

apartament

l'appartement

estació de trens

la gare

casa de la vila-ciutat

la mairie

museu

le musée

escola

l'école

ciutat - la ville

universitat

l'université

banca

la banque

hospital

l'hôpital

hotel

l'hôtel

farmàcia

la pharmacie

oficina

le bureau

llibreria

la librairie

botiga

le magasin

floristeria

le fleuriste

supermercat

le supermarché

mercat

le marché

gran magatzem

le grand magasin

peixateria

la poissonnerie

centre comercial

le centre commercial

port

le port

parc

le parc

banc

la banque

pont

le pont

escala

les escaliers

metro

le métro

túnel

le tunnel

parada d'autobús

l'arrêt de bus

bar

le bar

restaurant

le restaurant

bústia de correu

la boîte à lettres

senyal indicador

le panneau indicateur

parquímetre

le parcomètre

zoo

le zoo

piscina

le réverbère

mesquita

la mosquée

**granja**

la ferme

**pol·lució**

la pollution

**cementiri**

le cimetière

**església**

l'église

**parc infantil**

l'aire de jeux

**temple**

le temple

## paisatge

## le paysage

fulla
la feuille

cartell indicador
le panneau indicateur

camí
le chemin

prat
le pré

pedra
la pierre

excursionista
le randonneur

arbre
l'arbre

riu
la rivière

gespa
l'herbe

flor
la fleur

vall
la vallée

muntanya
la montagne

llac
le lac

bosc
la forêt

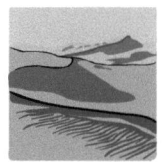

desert
le désert

volcà
le volcan

castell
le château

arc de Sant Martí
l'arc-en-ciel

bolet
le champignon

palmera
le palmier

moscard
le moustique

mosca
la mouche

formiga
les fourmis

abella
l'abeille

aranya
l'araignée

escarabat

le scarabée

granota

la grenouille

esquirol

l'écureuil

eriçó

le hérisson

llebre

le lapin

òliba

la chouette

ocell

l'oiseau

cigne

le cygne

senglar

le sanglier

cervo

le cerf

ant

l'élan

presa

le barrage

turbina

l'éolienne

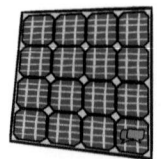

panell solar

le panneau solaire

clima

le climat

cambrer
le serveur

menú
le menu

cadira
la chaise

sopa
la soupe

pizza
la pizza

coberts
les services

tovalla
la nappe

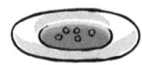

primer plat

les hors d'œuvre

plat principal

le plat principal

darreries

le dessert

begudes

les boissons

menjar

l'alimentation

ampolla

la bouteille

menjar ràpid

le fast-food

menjar de carrer

les plats à emporter

tetera

la théière

sucrer

le sucrier

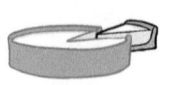

porció

la portion

màquina d'espresso

la machine à expresso

trona

la chaise haute

factura

la facture

plata

le plateau

ganivet

le couteau

forqueta

la fourchette

cullera

la cuillère

cullereta

la cuillère à thé

tovalló

la serviette

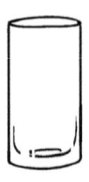

got

le verre

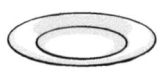

plat

l'assiette

plat de sopa

l'assiette à soupe

plateret

la soucoupe

salsa

la sauce

saler

la salière

molinet de pebre

le moulin à poivre

vinagre

le vinaigre

oli

l'huile

espècies

les épices

quètxup

le ketchup

mostassa

la moutarde

maionesa

la mayonnaise

# supermercat

## le supermarché

oferta especial
l'offre promotionnelle
FOR
client
le client
productes lactis
les produits laitiers
fruites
les fruits
carret de la compra
le caddie

BUTCHERS

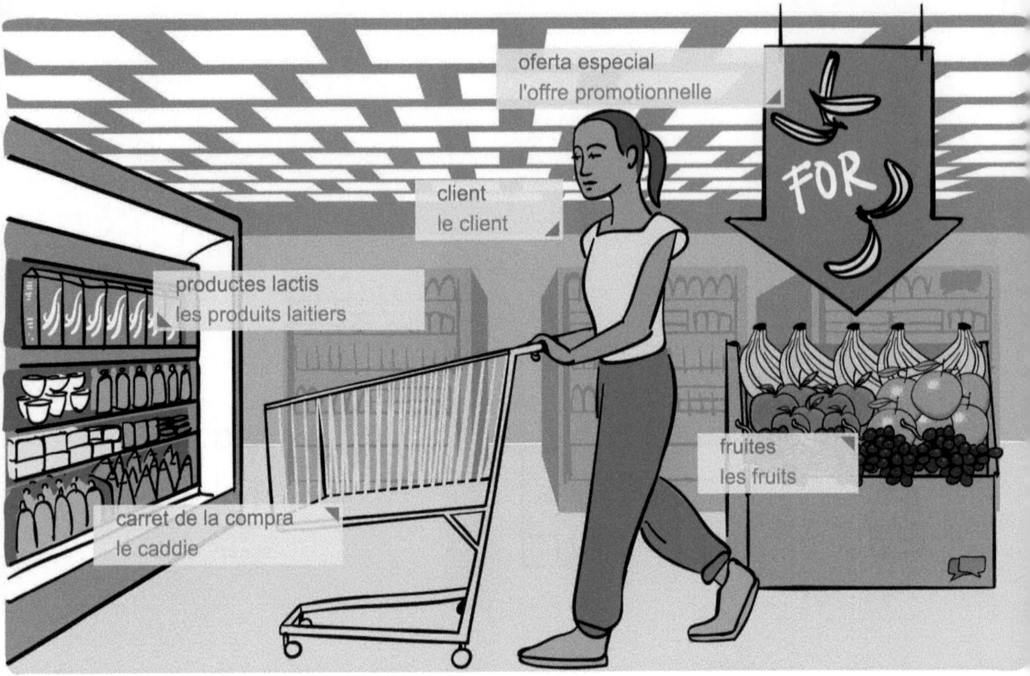

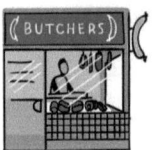

carnisseria

la boucherie

BAKERY

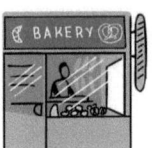

forn de pa

la boulangerie

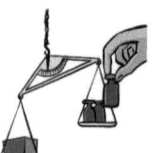

pesar

peser

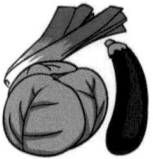

verdures

les légumes

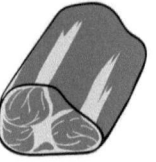

carn

la viande

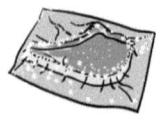

menjar congelat

les aliments surgelés

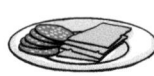

carn freda
la charcuterie

conserves
les conserves

detergent en pols
la poudre à lessive

dolços
les bonbons

articles domèstics
les articles ménagers

productes de neteja
les détergents

venedora
la vendeuse

caixa registradora
la caisse

caixera
le caissier

llista de la compra
la liste d'achats

horari d'obertura
les heures d'ouverture

portamonedes
le portefeuille

carta de crèdit
la carte de crédit

bossa
le sac

bossa de plàstic
le sac en plastique

aigua

l'eau

suc

le jus de fruit

llet

le lait

coca-cola

le coca

vi

le vin

cervesa

la bière

alcohol

l'alcool

cacau

le chocolat chaud

te

le thé

cafè

le café

espresso

l'expresso

cappuccino

le cappuccino

banana

la banane

poma

la pomme

taronja

l'orange

síndria

le melon

llimona

le citron

pastanaga

la carotte

all

l'ail

bambú

le bambou

ceba

l'oignon

bolet

le champignon

avellanes

les noisettes

fideus

les pâtes

espaguetis

les spaghettis

arròs

le riz

amanida

la salade

patates fregides

les frites

patates fregides

les pommes de terre rôties

pizza

la pizza

hamburguesa

le hamburger

entrepà

le sandwich

escalopa

l'escalope

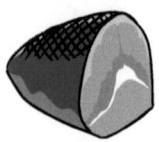

cuixot

le jambon

salami

le salami

salsitxa

la saucisse

pollastre

le poulet

rostit

le rôti

peix

le poisson

menjar - l'alimentation

flocs de civada

les flocons d'avoine

musli

le muesli

cereals

les cornflakes

farina

la farine

croissant

le croissant

panet

les petits-pains

pa

le pain

torrada

le pain grillé

bescuits

les biscuits

mantega

le beurre

mató

le fromage blanc

pastís

le gâteau

ou

l'œuf

ou fregit

l'œuf au plat

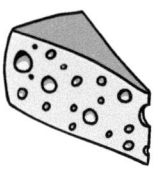

formatge

le fromage

gelat

la glace

sucre

le sucre

mel

le miel

melmelada

la confiture

crema de xocolata

la crème nougat

curri

le curry

# granja

# la ferme

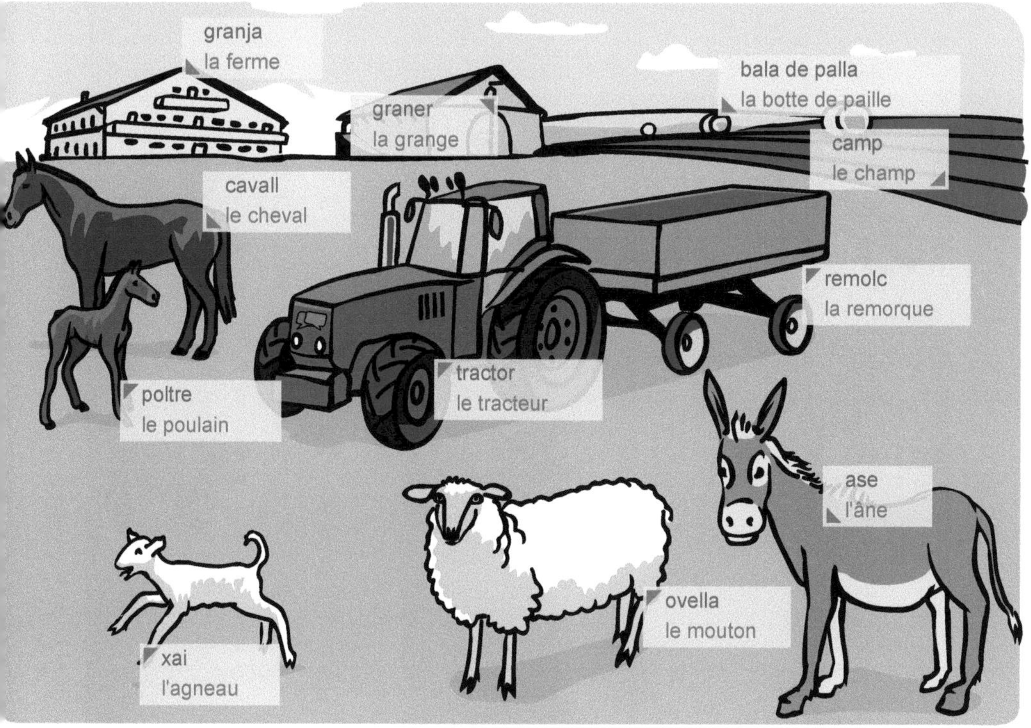

granja
la ferme
graner
la grange
bala de palla
la botte de paille
camp
le champ
cavall
le cheval
remolc
la remorque
tractor
le tracteur
poltre
le poulain
ase
l'âne
ovella
le mouton
xai
l'agneau


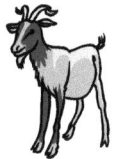

cabra

la chèvre

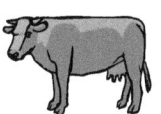

vaca

la vache

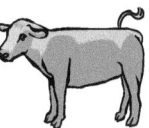

vedella

le veau

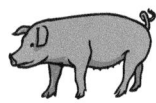

porc

le porc

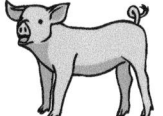

garrí

le porcelet

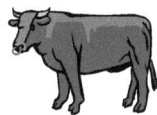

bou

le taureau

oca

l'oie

ànec

le canard

poll

le poussin

gall

la poule

gallina

le coq

rata

le rat

gat

le chat

ratolí

la souris

bou

le bœuf

gos

le chien

gossera

le chenil

mànega de regar

le tuyau de jardin

regadora

l'arrosoir

dalla

la faucheuse

arada

la charrue

falç
la faucille

aixada
la pioche

forca
la fourche

destral
la hache

carretó
la brouette

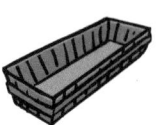

abeurador
la cuve

lletera
le pot à lait

sac
le sac

tanca
la clôture

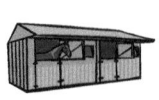

establa
l'étable

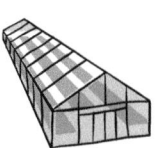

hivernacle
la serre

sòl
le sol

llavor
les semences

adob
l'engrais

collidora
la moissonneuse-batteuse

collir

récolter

collita

la récolte

nyam

l'igname

blat

le blé

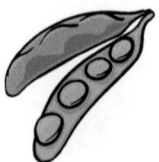

soja

le soja

patata

la pomme de terre

blat de moro o d'indi

le maïs

colza

le colza

arbre fruiter

l'arbre fruitier

mandioca

le manioc

cereals

les céréales

# casa
# la maison

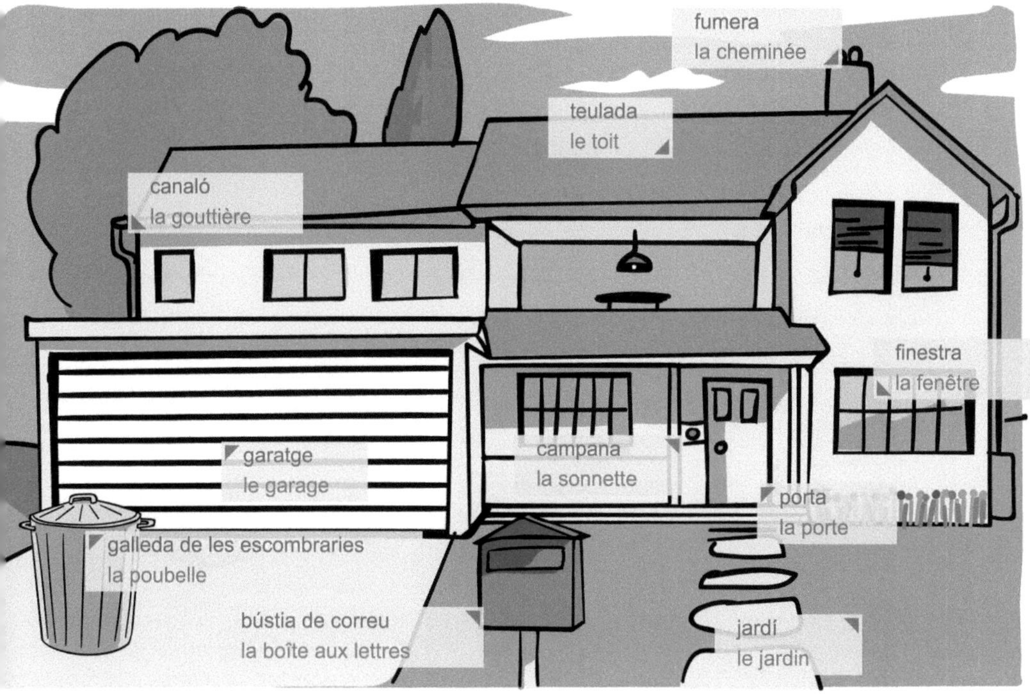
fumera
la cheminée
teulada
le toit
canaló
la gouttière
finestra
la fenêtre
garatge
le garage
campana
la sonnette
porta
la porte
galleda de les escombraries
la poubelle
bústia de correu
la boîte aux lettres
jardí
le jardin

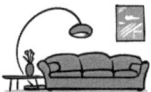

sala d'estar

le salon

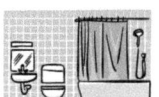

bany

la chambre de bain

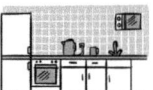

cuina

la cuisine

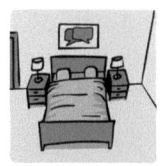

cambra de dormir

la chambre à coucher

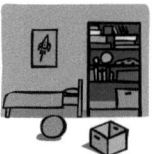

cambra de nen

la chambre d'enfant

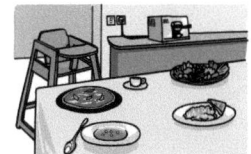

menjador

la salle à manger

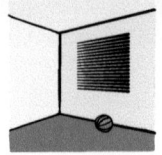

sòl

le sol

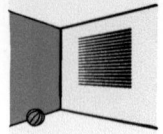

paret

le mur

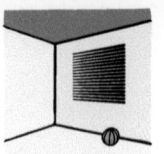

sostre

le plafond

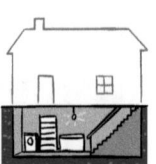

soterrani

la cave

sauna

le sauna

balcó

le balcon

terrassa

la terrasse

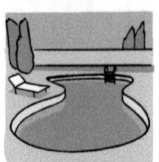

piscina

la piscine

tallagespa

la tondeuse à gazon

vànova

la fourre de duvet

cobrellit

la couette

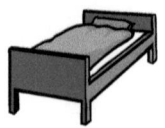

llit

le lit

escombra

le balai

galleda

le sceau

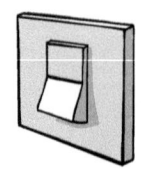

interruptor

l'interrupteur

# sala d'estar

## le salon

paper de paret
le papier peint
quadre
l'image
làmpada
la lampe
prestatge
l'étagère
armari
l'armoire
televisor
la télé
escalfapanxes
la cheminée
flor
la fleur
coixí
le coussin
sofà
le canapé
gerro
le vase
telecomanda
la télécommande

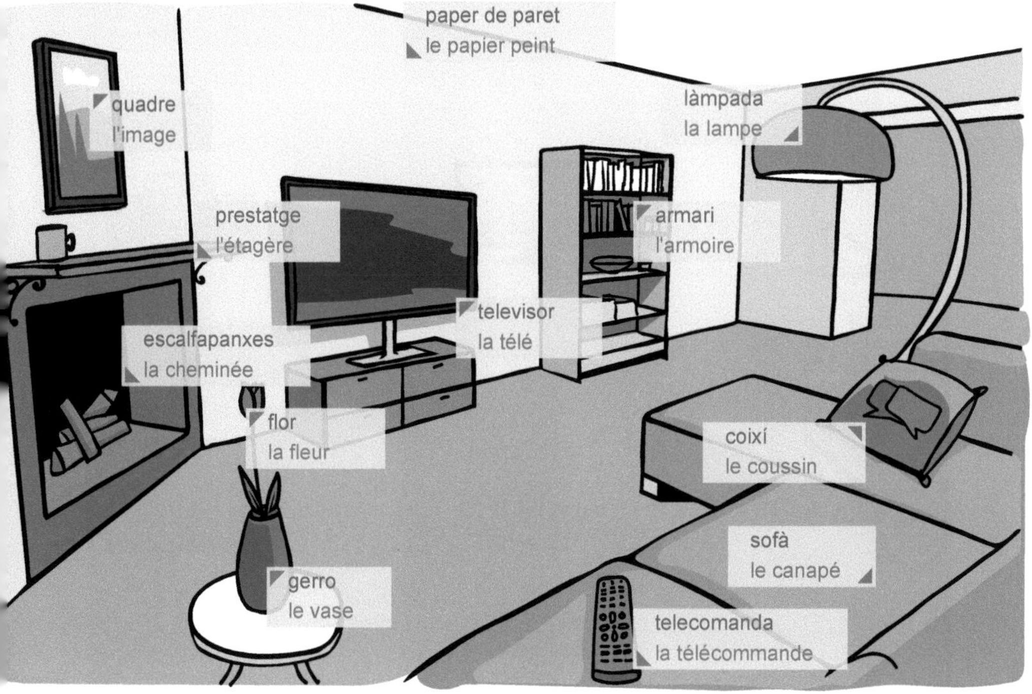

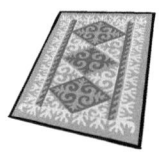

catifa

le tapis

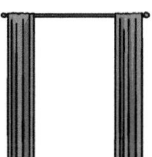

cortina

le rideau

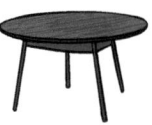

taula

la table

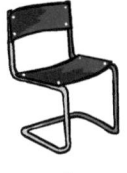

cadira

la chaise

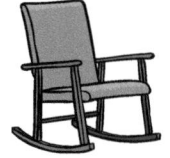

cadira gronxadora

la chaise à bascule

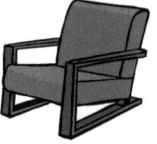

cadiral

le fauteuil

llibre

le livre

llençol

la couverture

decoració

la décoration

llenya

le bois de chauffage

film

le film

cadena de música

la chaîne hi-fi

clau

la clé

diari

le journal

pintura

la peinture

cartell

le poster

ràdio

la radio

bloc de notes

le bloc-notes

aspiradora

l'aspirateur

cactus

le cactus

candela

la bougie

# cuina
# la cuisine

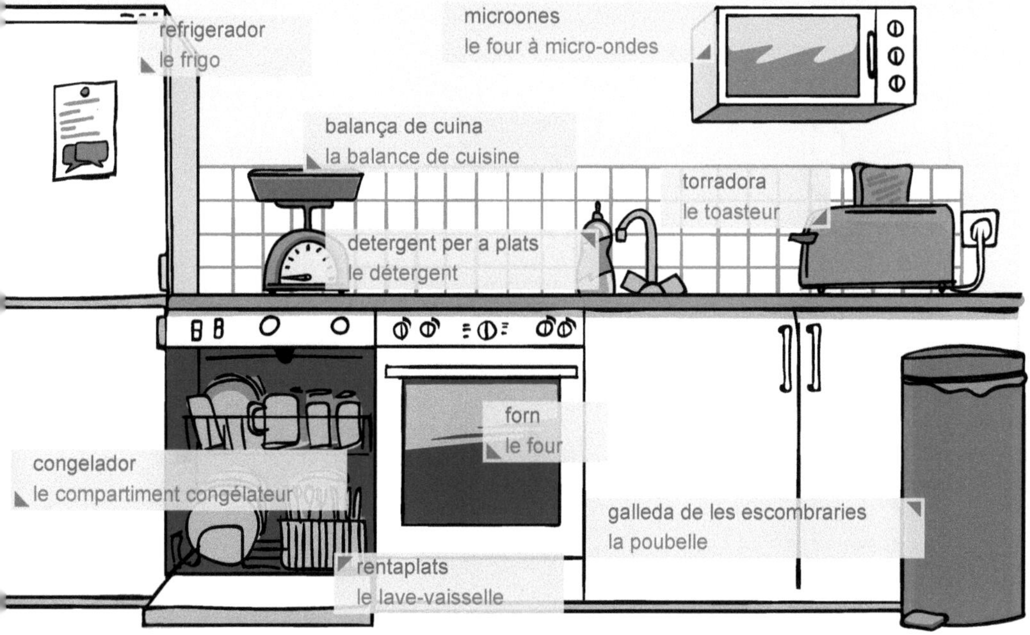
refrigerador
le frigo
microones
le four à micro-ondes
balança de cuina
la balance de cuisine
torradora
le toasteur
detergent per a plats
le détergent
forn
le four
congelador
le compartiment congélateur
galleda de les escombraries
la poubelle
rentaplats
le lave-vaisselle

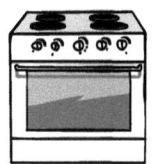

cuina de fogons

le four

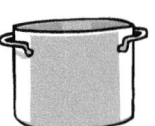

olla

la casserole

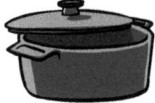

olla de ferro colat

la marmite

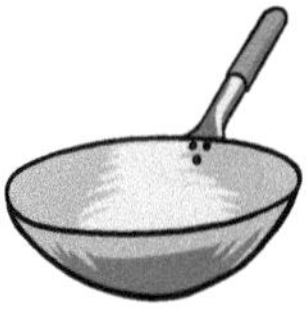

wok / karahi

le wok/kadai

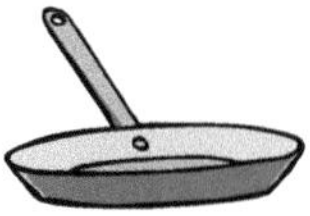

paella

la poêle

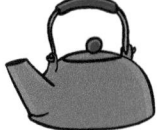

bullidor

la bouilloire électrique

olla de vapor

le cuiseur vapeur

plata de forn

la plaque de cuisson

vaixella

la vaisselle

tassa grossa

le gobelet

bol

le bol

bastonets xinesos

les baguettes

culler

la louche

espàtula

la spatule

batedor

le fouet

colador

la passoire

sedàs

le tamis

ratllador

la râpe

morter

le mortier

barbacoa

le barbecue

foc a terra

la cheminée

taula de tallar

la planche à découper

corró

le rouleau à pâtisserie

llevataps

le tire-bouchon

pot de conserva

la boîte

obridor

l'ouvre-boîte

agafador

les maniques

aigüera

le lavabo

raspall

la brosse

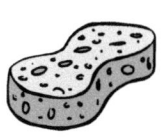

esponja

l'éponge

batedora

le mixeur

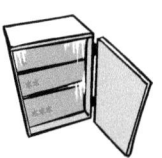

congelador

le congélateur

biberó

le biberon

aixeta

le robinet

## la chambre de bain

dutxa
la douche

calefacció
le chauffage

tovallola
la serviette

cortina de dutxa
le rideau de douche

bany de bombollles
le bain moussant

banyera
la baignoire

got
le verre

rentadora
la machine à laver

aixeta
le robinet

rajoles
le carrelage

orinal
le pot

aigüera
le lavabo

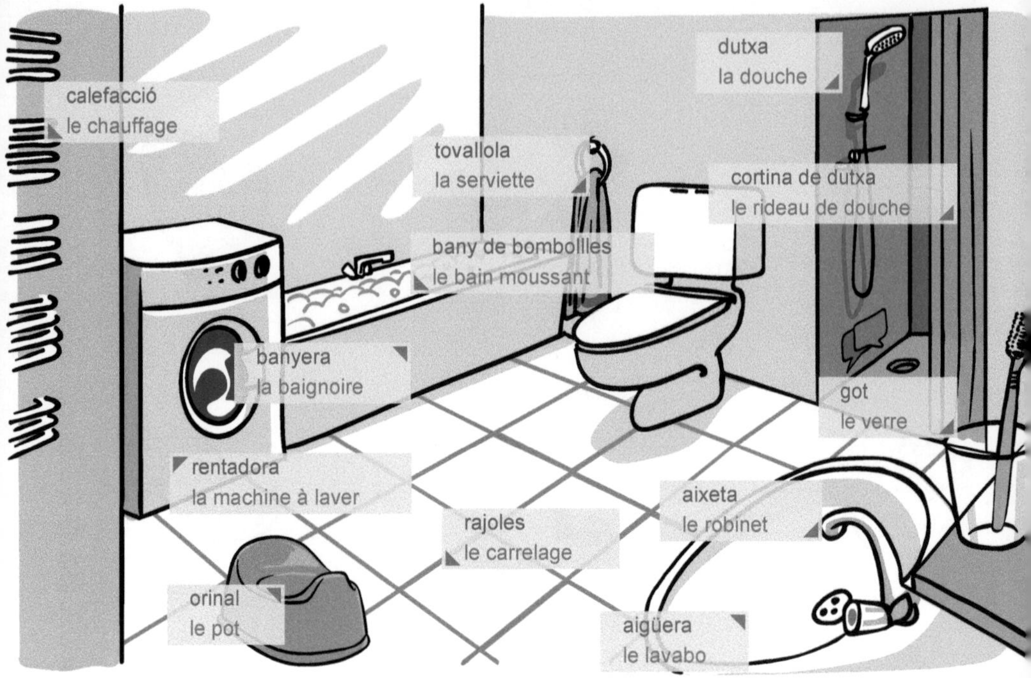

lavabo
les toilettes

lavabo turc
la toilette à la turque

bidet
le bidet

orinador
l'urinoir

paper higiènic
le papier toilette

escombreta de sanitari
la brosse à toilette

**raspall de dents**

la brosse à dents

**pasta de dents**

le dentifrice

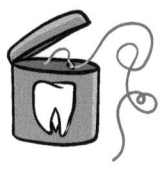

**fil dental**

le fil dentaire

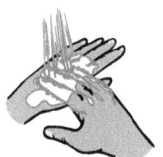

**rentar**

laver

**pom de dutxa**

la douche manuelle

**dutxa íntima**

la douche intime

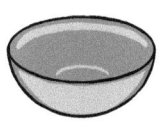

**rentamans**

la vasque

**raspall per a l'esquena**

la brosse dorsale

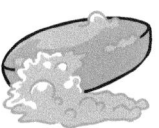

**sabó**

le savon

**gel de dutxa**

le gel douche

**xampú**

le shampooing

**manyopla de bany**

le gant de toilette

**bonera**

l'écoulement

**crema**

la crème

**desodorant**

le déodorant

mirall

le miroir

mirall-espill de mà

le miroir cosmétique

maquineta de rasar

le rasoir

espuma de barbejar

la mousse à raser

loció post-rasada

l'après-rasage

pinta

la peigne

raspall

la brosse

eixugador

le sèche-cheveux

laca

la laque pour cheveux

maquillatge

le fond de teint

pintallavis

le rouge à lèvres

esmalt d'ungles

le vernis à ongles

cotó

l'ouate

tallaungles

le coupe-ongles

perfum

le parfum

estoig de bellesa

la trousse de toilette

tamboret

le tabouret

bàscula

la balance

barnús

le peignoir

guants de goma

les gants de nettoyage

compresa higiènica

le tampon

compresa

les serviettes hygiéniques

sanitari químic

la toilette chimique

# cambra de nen

# la chambre d'enfant

despertador
le réveil
animal de peluix
le doudou
auto de joguina
la voiture jouet
sonall
le hochet
casa de nines
la maison de poupée
present
le cadeau

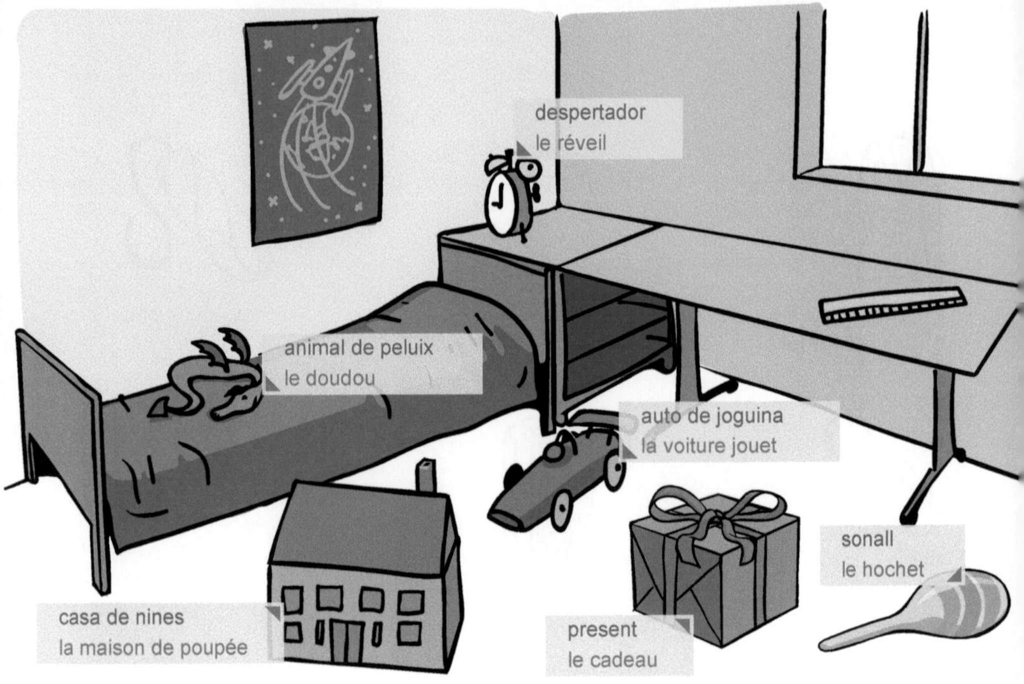

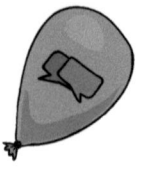

baló

le ballon

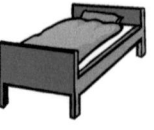

llit

le lit

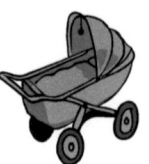

cotxet per a nens

la poussette

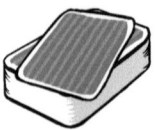

joc de cartes

le jeu de cartes

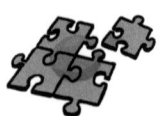

trencaclosca

le puzzle

historieta

la bande dessinée

peces de lego

les pièces lego

peces de construcció

les blocs de construction

ninot d'acció

la figurine

granota

la grenouillère

frisbee

le frisbee

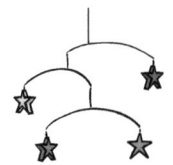

mòbil per a bressol

le mobile

joc de taula

le jeu de société

daus

le dé

tren elèctric

le train miniature

xumet

la sucette

festa

la fête

llibre de dibuixos

le livre d'images

pilota

la balle

nina

la poupée

jugar

jouer

sorrera

le bac à sable

gronxador

la balançoire

joguines

les jouets

consola de jocs de vídeo

la console de jeu

tricicle

le tricycle

osset de peluix

l'ours en peluche

armari

l'armoire

## roba

## les vêtements

mitjons

les chaussettes

mitges

les bas

mitja pantaló

le collant

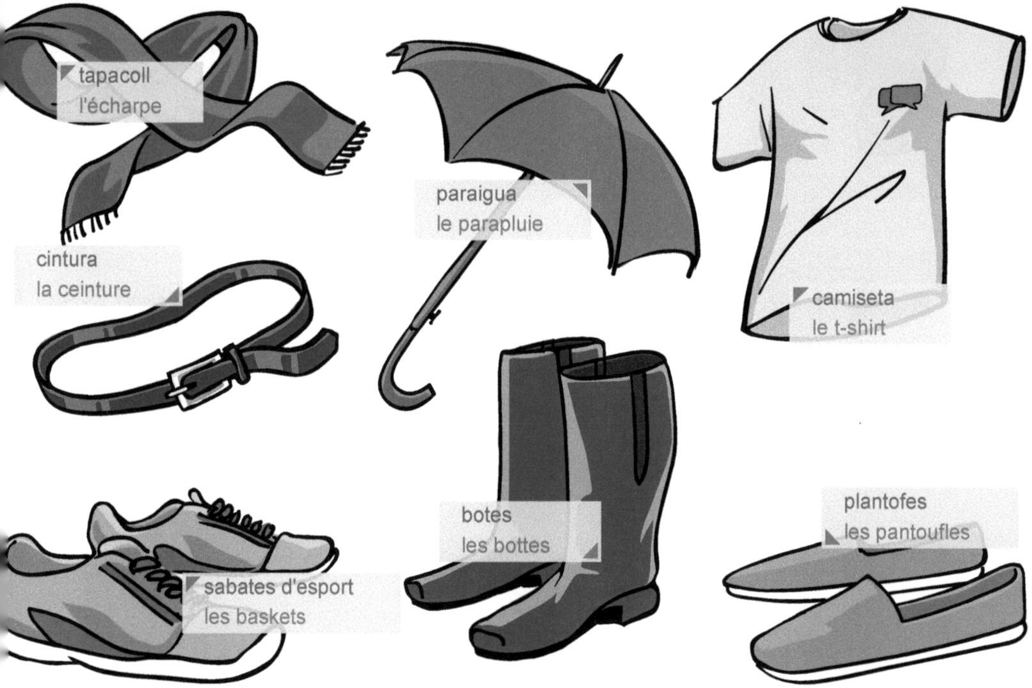

tapacoll
l'écharpe

cintura
la ceinture

paraigua
le parapluie

camiseta
le t-shirt

botes
les bottes

plantofes
les pantoufles

sabates d'esport
les baskets

sandàlies

les sandales

sabates

les chaussures

botes de goma

les bottes de caoutchouc

calçonets

le linge de corps

sostenidor

le soutien-gorge

guardapits

le maillot de corps

jjustacòs

le body

pantalons

le pantalon

jeans

le jean

faldeta

la jupe

brusa

le chemisier

camisa

la chemise

jersei

le pull

dessuadora

le pull-over à capuche

blazer

la veste

jaqueta

la veste

mantell

le manteau

impermeable

l'imperméable

vestit de dona

le costume

vestit de dona

la robe

vestit de núvia

la robe de mariée

vestit d'home

le costume

camisa de dormir

la chemise de nuit

pijama

le pyjama

sari

le sari

mocador de cap

le foulard

turbant

le turban

burca

la burqa

caftan

le caftan

abaia

l'abaya

vestit de bany

le maillot de bain

calçon(et)s de bany

le costume de bain

pantalons curts

les cuissettes

xandall

la tenue d'entraînement

davantal

le tablier

guants

les gants

botó

le bouton

ulleres

les lunettes

braçalet

le bracelet

collaret

le collier

anell

la bague

orellera

la boucle d'oreille

casquet

le bonnet

penjador

le cintre

capell

le chapeau

corbata

la cravate

cremallera

la fermeture éclair

casc

le casque

elàstics

les bretelles

uniforme escolar

l'uniforme scolaire

uniforme

l'uniforme

roba - les vêtements

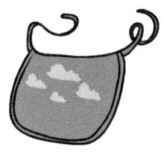

pitet

le bavoir

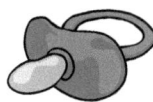

xumet

la sucette

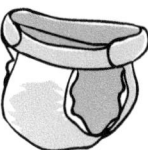

bolquer

la couche

# oficina

## le bureau

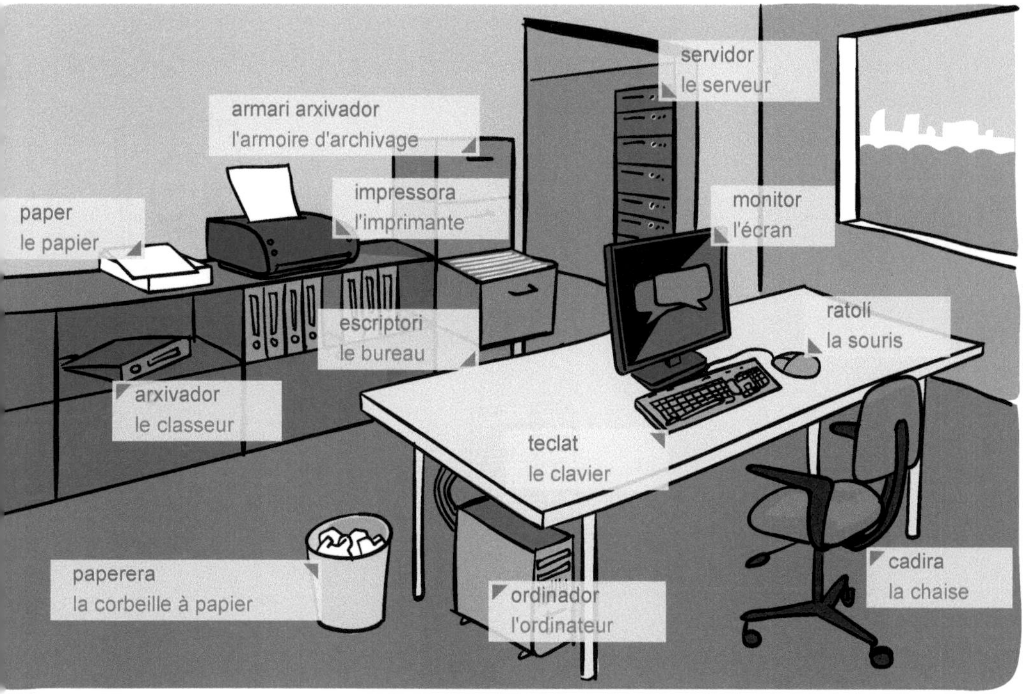

servidor
le serveur
armari arxivador
l'armoire d'archivage
impressora
l'imprimante
paper
le papier
monitor
l'écran
ratolí
la souris
escriptori
le bureau
arxivador
le classeur
teclat
le clavier
paperera
la corbeille à papier
cadira
la chaise
ordinador
l'ordinateur


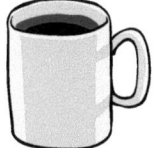

tassa de cafè

la tasse à café

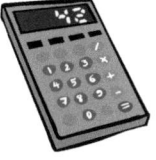

calculadora

la calculatrice

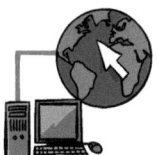

Internet

l'internet

ordinador portàtil

l'ordinateur portable

lletra

la lettre

missatge

le message

mòbil

le portable

xarxa

le réseau

fotocopiadora

la photocopieuse

programari

le logiciel

telèfon

le téléphone

presa de corrent

la prise

fax

le fax

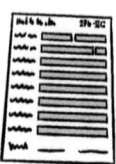

formulari

le formulaire

document

le document

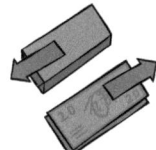

comprar

acheter

pagar

payer

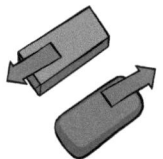

comerciar

marchander

diners

la monnaie

dòlar

le dollar

euro

l'euro

ien

le yen

ruble

le rouble

franc suís

le franc suisse

renminbi

le renminbi yuan

rupia

la roupie

caixa automàtica

le distributeur automatique

oficina de canvi

le bureau de change

or

l'or

argent

l'argent

petroli

le pétrole

energia

l'énergie

preu

le prix

contracte

le contrat

impost

la taxe

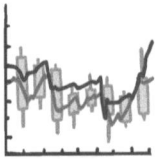

acció

l'action

treballar

travailler

treballador

l'employé

empresari

l'employeur

fàbrica

l'usine

botiga

le magasin

economia - l'économie

# oficis
# les professions

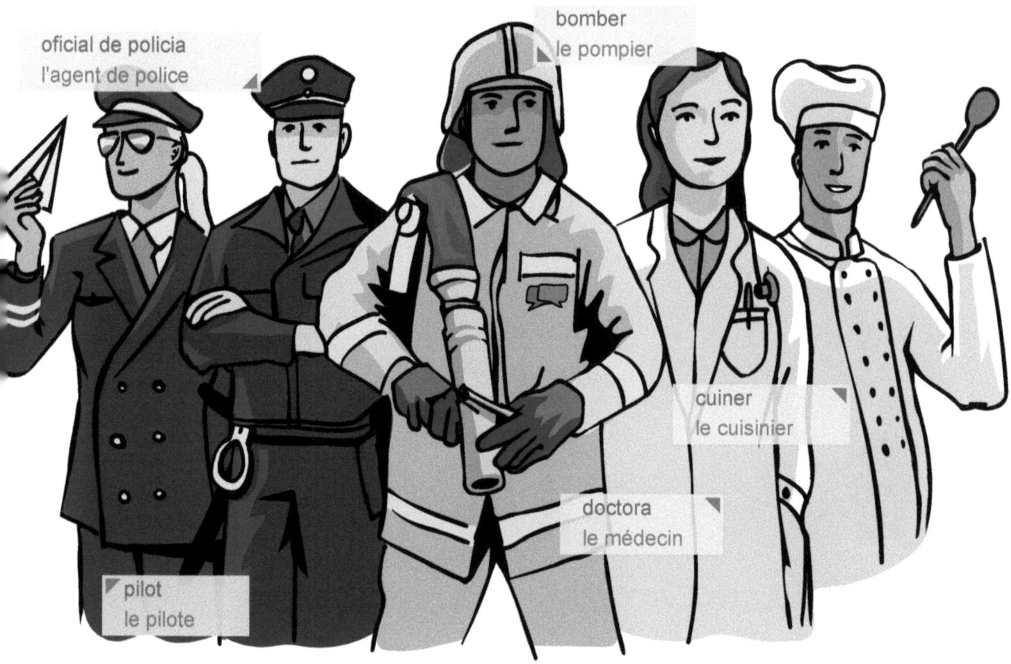
oficial de policia
l'agent de police
bomber
le pompier
cuiner
le cuisinier
doctora
le médecin
pilot
le pilote

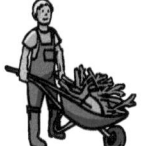

jardiner

le jardinier

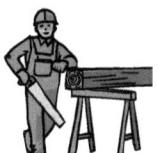

fuster

le menuisier

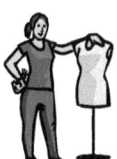

costurera

la couturière

jutge

le juge

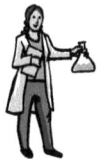

química

le chimiste

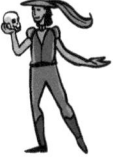

actor

l'acteur

conductor d'autobús

le conducteur de bus

taxista

le chauffeur de taxi

pescador

le pêcheur

dona de la neteja

la femme de ménage

ensostrador

le couvreur

cambrer

le serveur

caçador

le chasseur

pintor

le peintre

forner

le boulanger

electricista

l'électricien

obrer de la construcció

l'ouvrier

enginyer

l'ingénieur

carnisser

le boucher

llanterner

le plombier

correu

le facteur

soldat

le soldat

arquitecte

l'architecte

caixera

le caissier

florista

le fleuriste

perruquer

le coiffeur

revisor

le contrôleur

mecànic

le mécanicien

capità

le capitaine

dentista

le dentiste

científic

le scientifique

rabí

le rabbin

imam

l'imam

monjo

le moine

capellà

le prêtre

# eines
# les outils

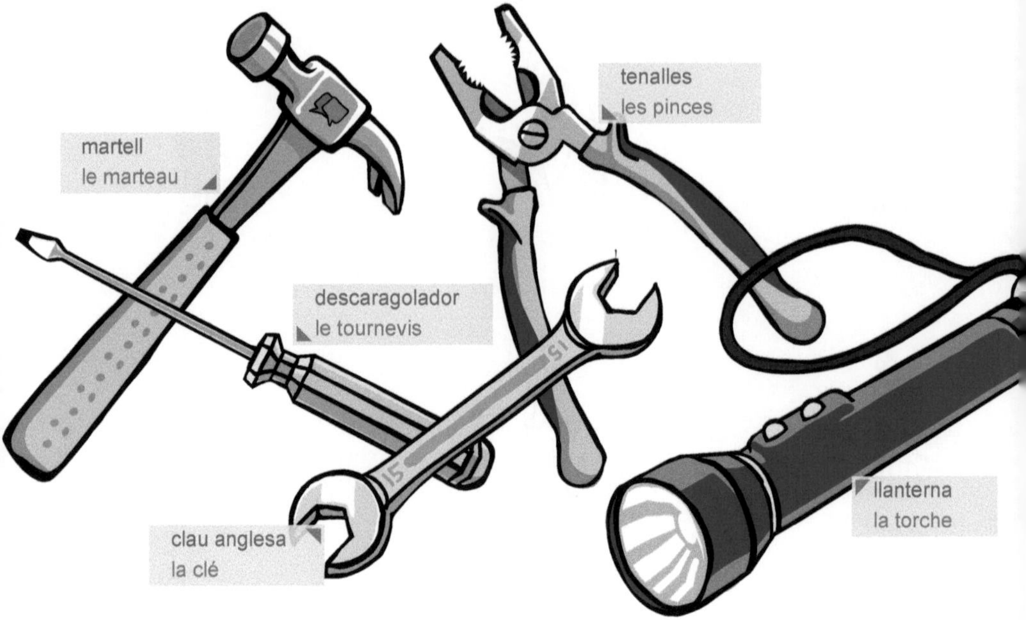
martell
le marteau
tenalles
les pinces
descaragolador
le tournevis
clau anglesa
la clé
llanterna
la torche

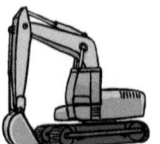

excavadora

la pelleteuse

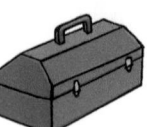

caixa d'eines

la boîte à outils

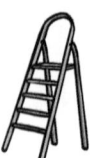

escala

l'échelle

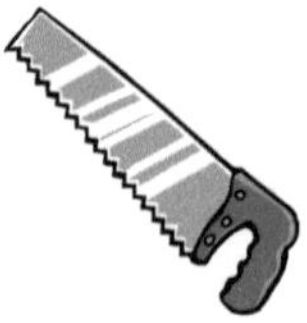

serra

la scie

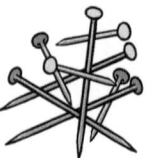

claus

les clous

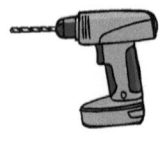

trepant

la perceuse

reparar

réparer

pala

la pelle

Maleït siga!

Mince!

pala

la pelle

pot de pintura

le pot de peinture

caragols

les vis

## instrument de música
## les instruments de musique

altaveu
le haut-parleur

bateria
la batterie

contrabaix
la contrebasse

trompeta
la trompette

guitarra
la guitare

piano

le piano

violí

le violon

baix

la basse

timbal

les timbales

tambor

le tambour

teclat

le piano électrique

saxofon

le saxophone

flauta

la flûte

micròfon

le microphone

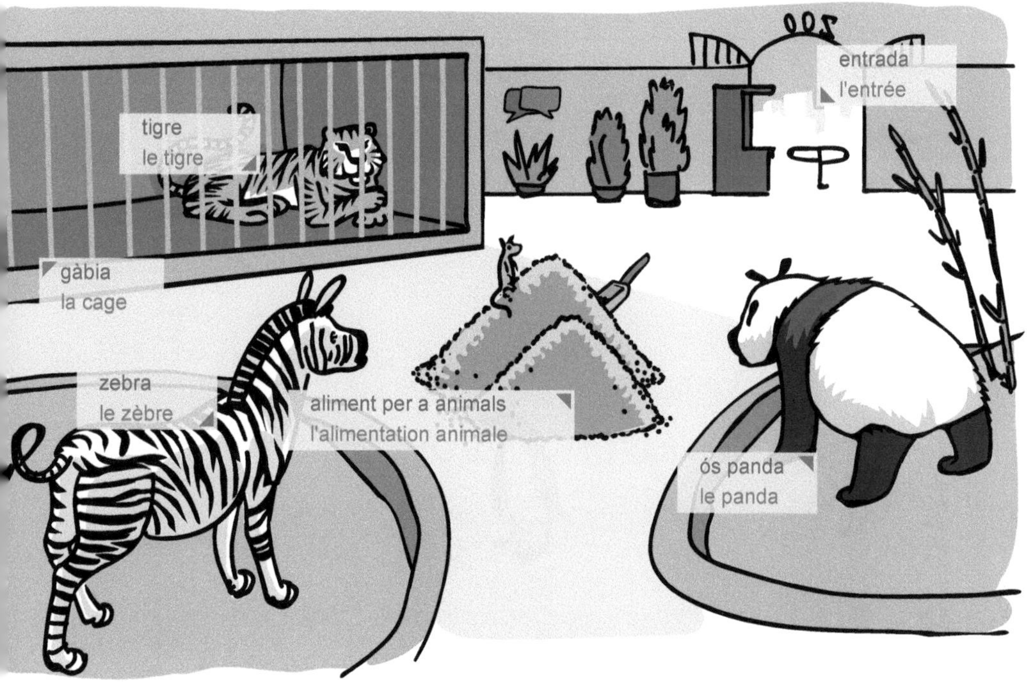

entrada
l'entrée

tigre
le tigre

gàbia
la cage

zebra
le zèbre

aliment per a animals
l'alimentation animale

ós panda
le panda

animals

les animaux

elefant

l'éléphant

cangurú

le kangourou

rinoceront

le rhinocéros

goril·la

le gorille

ós

l'ours

camell

le chameau

estruç

l'autruche

lleó

le lion

simi

le singe

flamenc

le flamand rose

papagai

le perroquet

ós polar

l'ours polaire

pingüí

le pingouin

ca mari

le requin

paó

le paon

serp

le serpent

cocodril

le crocodile

guardià del zoo

le gardien de zoo

foca

le phoque

jaguar

le jaguar

poni

le poney

lleopard

le léopard

hipopòtam

l'hippopotame

girafa

la girafe

àliga

l'aigle

senglar

le sanglier

peix

le poisson

tortuga

la tortue

morsa

le morse

guineu

le renard

gasela

la gazelle

futbol americà
l'american Football

ciclisme
le cyclisme

tenis
le tennis

bàsquet
le basket-ball

natació
la natation

boxa
la boxe

hoquei sobre gel
le hockey sur glace

futbol americà
le football

bàdminton
le badminton

atletisme
l'athlétisme

handbol
le handball

esquí
le ski

polo
le polo

# activitats
# les activités

riure
rire
saltar
sauter
abraçar
embrasser
anar
marcher
cantar
chanter
somiar
rêver
pregar
prier
fer un petó
faire la bise

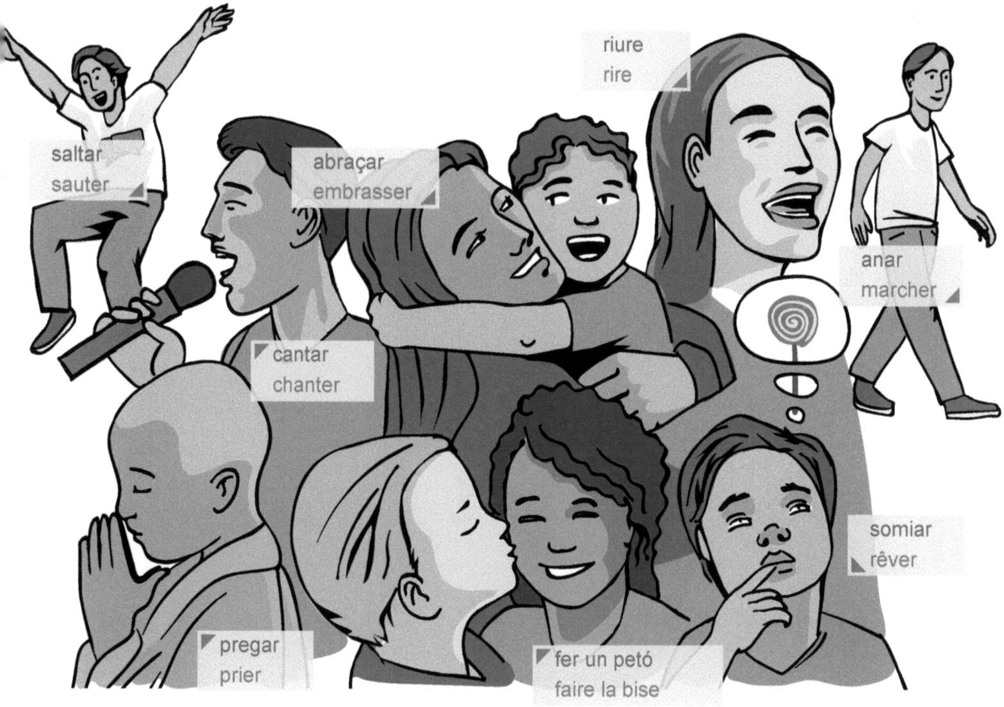

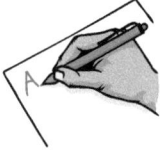

escriure

écrire

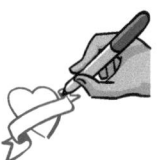

dibuixar

dessiner

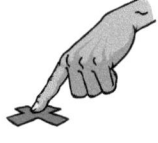

mostrar

montrer

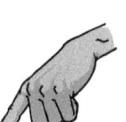

pitjar

pousser

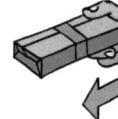

donar

donner

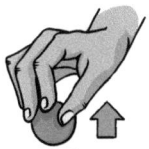

prendre

prendre

tenir

avoir

fer

faire

ésser

être

estar dret

être debout

córrer

courir

estirar

trier

llançar

jeter

caure

tomber

jeure

être couché

esperar

attendre

portar

porter

asseure's

être assis

vestir-se

s'habiller

dormir

dormir

despertar-se

se réveiller

mirar

regarder

plorar

pleurer

amoixar

caresser

pentinar

peigner

parlar

parler

comprendre

comprendre

demanar

demander

escoltar

écouter

beure

boire

menjar

manger

endreçar

ranger

estimar

aimer

cuinar

cuire

conduir

conduire

volar

voler

navegar

faire de la voile

calcular

calculer

llegir

lire

aprendre

apprendre

treballar

travailler

casar-se

se marier

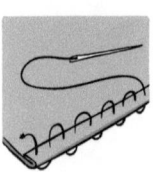

cosir

coudre

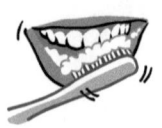

raspallar-se les dents

se brosser les dents

matar

tuer

fumar

fumer

enviar

envoyer

# família
# la famille

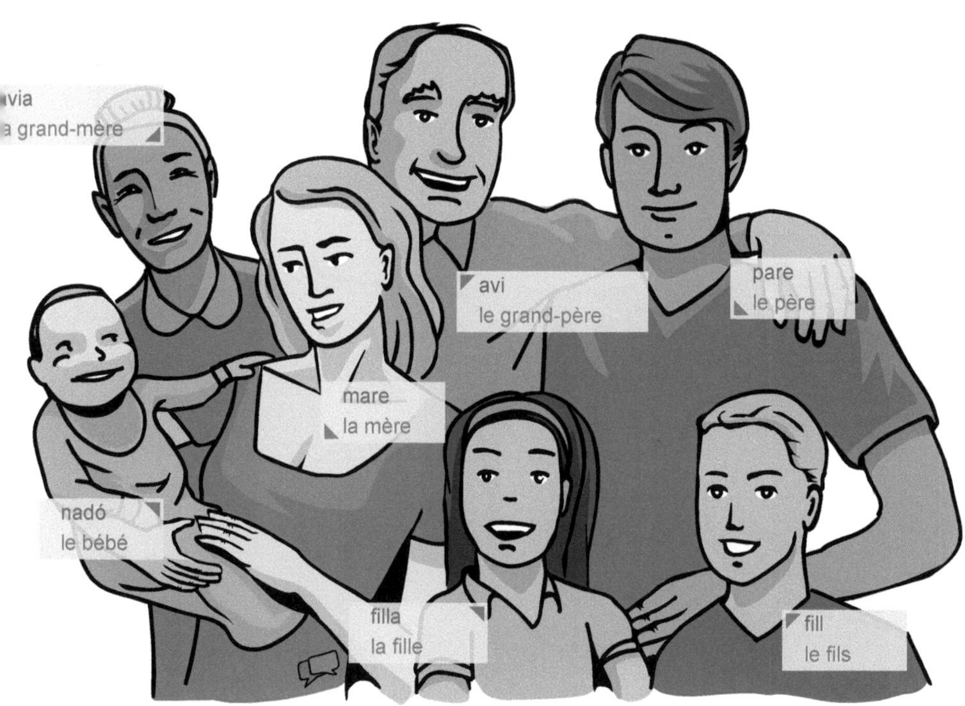

via
a grand-mère
avi
le grand-père
pare
le père
mare
la mère
nadó
le bébé
filla
la fille
fill
le fils


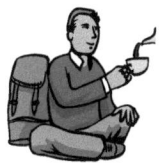

convidat

l'hôte

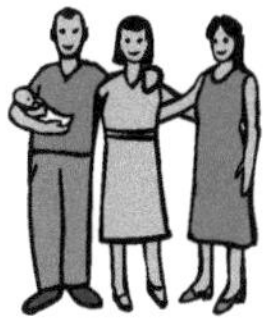

tia

la tante

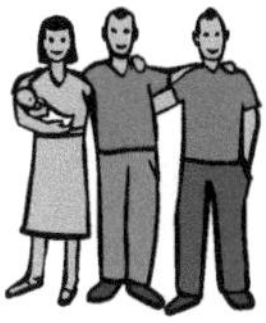

oncle

l'oncle

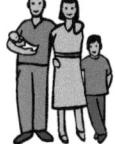

germà

le frère

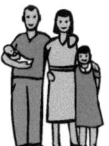

germana

la sœur

# cos
## le corps

front
le front
ull
l'œil
espatlla
l'épaule
dit
le doigt
cara
le visage
barbeta
le menton
mà
la main
pit
la poitrine
cama
la jambe
braç
le bras


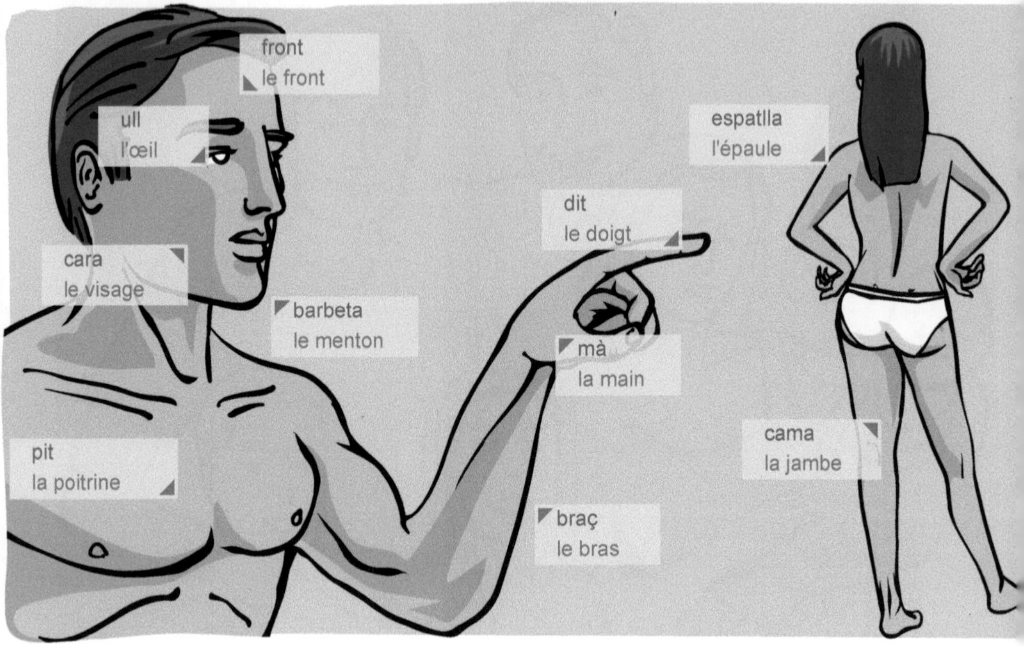

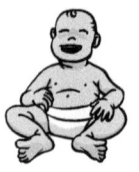

nadó
le bébé

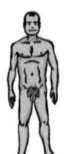

home
l'homme

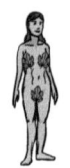

dona
la femme

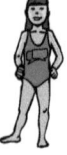

noia
la fille

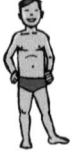

noi
le garçon

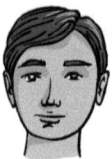

cap
la tête

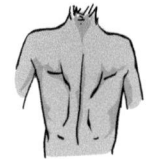

esquena

le dos

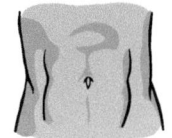

panxa

le ventre

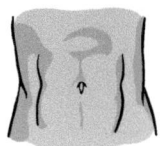

melic

le nombril

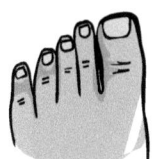

dit gros del peu

l'orteil

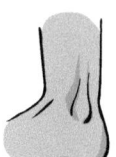

taló

le talon

os

l'os

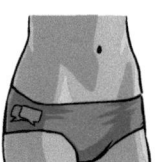

maluc

la hanche

genoll

le genou

colze

le coude

nas

le nez

cul

les fesses

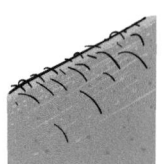

pell

la peau

galta

la joue

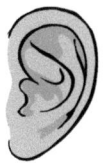

orella

l'oreille

llavi

la lèvre

boca

la bouche

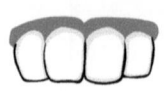

dent

la dent

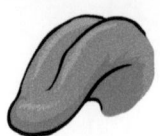

llengua

la langue

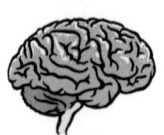

cervell

le cerveau

cor

le cœur

múscul

le muscle

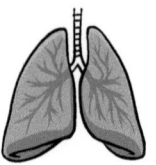

pulmó

les poumons

fetge

le foie

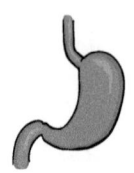

estómac

l'estomac

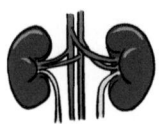

ronyó

les reins

relació sexual

le rapport sexuel

preservatiu

le préservatif

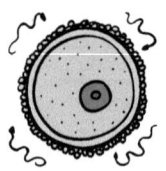

ovari

l'ovule

semen

le sperme

prenyat

la grossesse

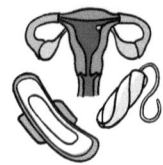

menstruació

la menstruation

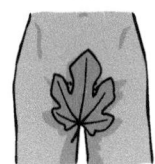

vagina

le vagin

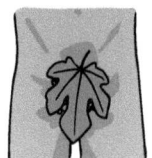

penis

le pénis

cella

le sourcil

cabells

les cheveux

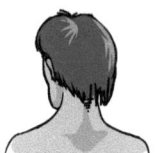

coll

le cou

cos - le corps 71

# hospital
# l'hôpital

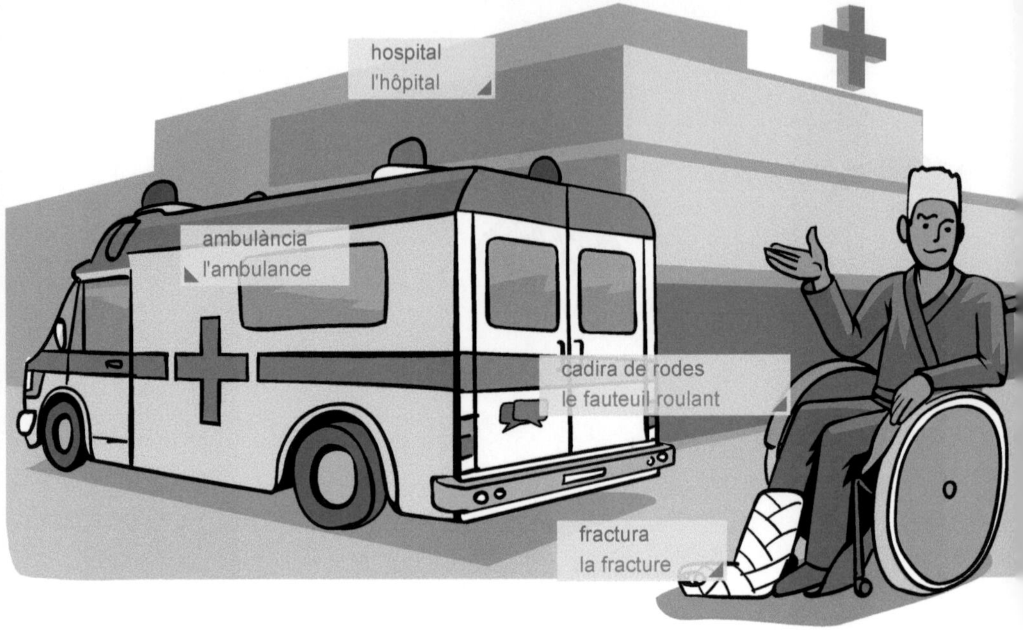

hospital
l'hôpital
ambulància
l'ambulance
cadira de rodes
le fauteuil roulant
fractura
la fracture

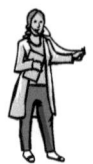

doctora

le médecin

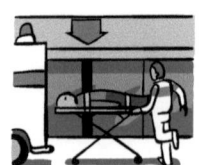

sala d'urgències

le service des urgences

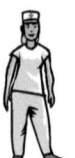

infermera

l'infirmière

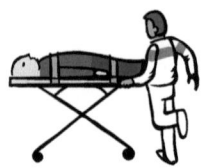

urgència

l'urgence

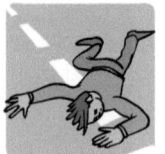

inconscient

inconscient

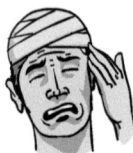

dolor

la douleur

ferida

la blessure

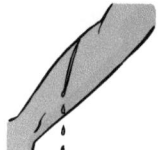

sagnament

l'hémorragie

atac de cor

la crise cardiaque

apoplexia

l'attaque cérébrale

al·lèrgia

l'allergie

tos

la toux

febre

la fièvre

gripa

la grippe

diarrea

la diarrhée

mal de cap

le mal de tête

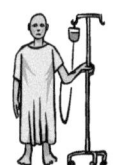

càncer

le cancer

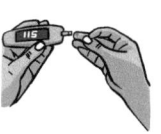

diabetis

le diabète

cirurgià

le chirurgien

escalpel

le scalpel

operació

l'opération

tomografia computada (TC), TAC

le CT

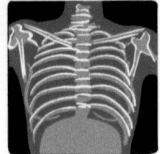

raigs x

la radiographie

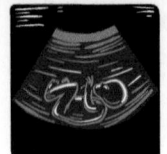

ultrasò

l'échographie

mascareta

le masque

malaltia

la maladie

sala d'espera

la salle d'attente

crossa

la béquille

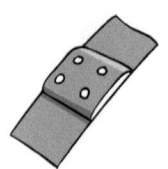

tireta

le pansement

embenat

le pansement

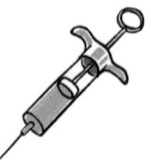

injecció

l'injection

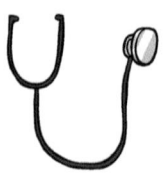

estetoscopi

le stéthoscope

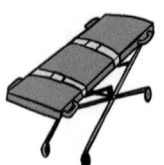

llitera

le brancard

termòmetre clínic

le thermomètre

pariment

l'accouchement

sobrepès

le surpoids

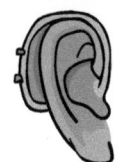

aparell auditiu

l'appareil auditif

desinfectant

le désinfectant

infecció

l'infection

virus

le virus

VIH / SIDA

le VIH / le sida

medicina

le médicament

vaccí

la vaccination

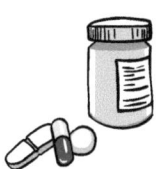

comprimits

les tablettes

píl·lola

la pilule

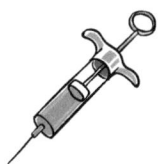

trucada d'urgència

l'appel d'urgence

tensiòmetre

le tensiomètre

malalt / sà

malade / sain

Socors!

Au secours!

assalt

l'agression

atac

l'attaque

perill

le danger

sortida-eixida d'urgència

la sortie de secours

alarma

l'alarme

Foc!

Au feu!

extintor

l'extincteur

accident

l'accident

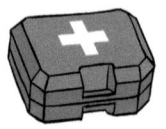

farmaciola de primers
auxilis

la trousse de premier
secours

SOS

SOS

policia

la police

Europa

l'Europe

Amèrica del Nord

l'Amérique du Nord

Amèrica del Sud

l'Amérique du Sud

Àfrica

l'Afrique

Àsia

l'Asie

Austràlia

l'Australie

Atlàntic

l'Océan atlantique

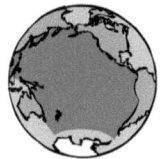

Pacífic

l'Océan pacifique

Oceà Índic

l'Océan indien

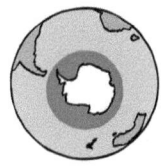

Oceà Antàrtic

l'Océan antarctique

Oceà Àrtic

l'Océan arctique

pol nord

le Pôle nord

pol sud

le Pôle sud

Antàrtida

l'Antarctique

terra

la terre

país

le pays

mar

la mer

illa

l'île

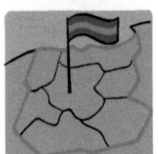

nació

la nation

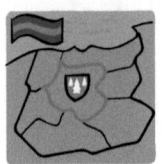

estat

l'état

quadrant

le cadran

agulla de les hores

l'aiguille des heures

agulla dels minuts

l'aiguille des minutes

agulla dels segons

l'aiguille des secondes

Quina hora és?

Quelle heure est-il?

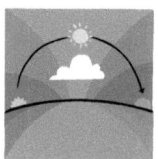

dia

le jour

temps

le temps

ara

maintenant

rellotge digital

la montre digitale

minut

la minute

hora

l'heure

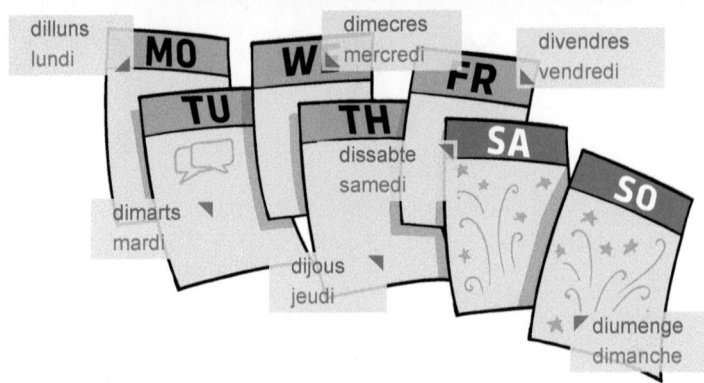

dilluns / lundi
dimecres / mercredi
divendres / vendredi
dimarts / mardi
dissabte / samedi
dijous / jeudi
diumenge / dimanche

ahir

hier

avui

aujourd'hui

demà

demain

matí

le matin

migdia

le midi

tarda

le soir

| MO | TU | WE | TH | FR | SA | SU |
|----|----|----|----|----|----|----|
| 1  | 2  | 3  | 4  | 5  | 6  | 7  |
| 8  | 9  | 10 | 11 | 12 | 13 | 14 |
| 15 | 16 | 17 | 18 | 19 | 20 | 21 |
| 23 | 23 | 24 | 25 | 26 | 27 | 28 |
| 29 | 30 | 31 | 1  | 2  | 3  | 4  |

dia feiner

les jours ouvrables

| MO | TU | WE | TH | FR | SA | SU |
|----|----|----|----|----|----|----|
| 1  | 2  | 3  | 4  | 5  | 6  | 7  |
| 8  | 9  | 10 | 11 | 12 | 13 | 14 |
| 15 | 16 | 17 | 18 | 19 | 20 | 21 |
| 22 | 23 | 24 | 25 | 26 | 27 | 28 |
| 29 | 30 | 31 | 1  | 2  | 3  | 4  |

cap de setmana

le week-end

# any

# l'année

pluja
la pluie
arc de Sant Martí
l'arc-en-ciel
vent
le vent
neu
la neige
primavera
le printemps
estiu
l'été
tardor
l'automne
hivern
l'hiver

4.APRIL 11°
5.APRIL 4°
6.APRIL 13°
7.APRIL 8°
8.APRIL 10°

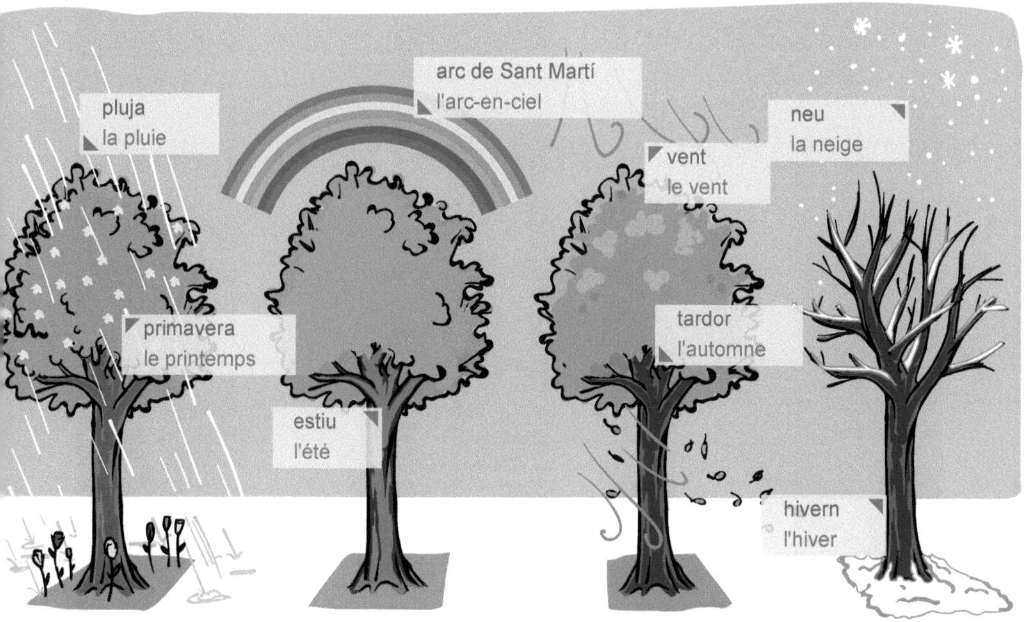

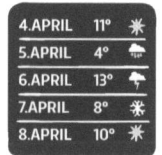

pronòstic del temps

la météo

F C
120 40
90 30
60 20
30 10
0 0
-30 -10
-20

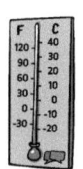

termòmetre

le thermomètre

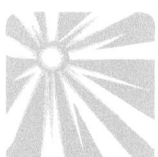

llum del sol

la lumière du soleil

núvol

le nuage

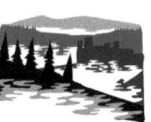

boira

le brouillard

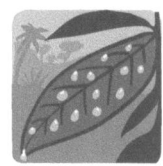

humiditat de l'aire

l'humidité

llamp

la foudre

tro

le tonnerre

tempesta

la tempête

calamarsa

la grêle

monsó

la mousson

inundació

l'inondation

gel

la glace

gener

janvier

febrer

février

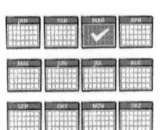

març

mars

abril

avril

maig

mai

juny

juin

juliol

juillet

agost

août

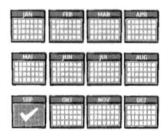

setembre
....................
septembre

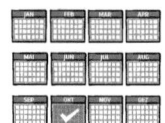

octubre
....................
octobre

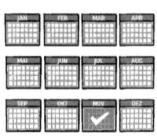

novembre
....................
novembre

desembre
....................
décembre

## formes

## les formes

cercle
....................
le cercle

quadrat
....................
le carré

rectangle
....................
le rectangle

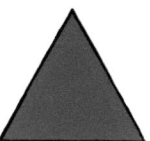

triangle
....................
le triangle

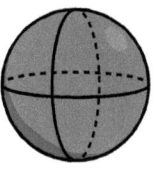

esfera
....................
la sphère

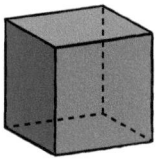

cub
....................
le cube

# colors

## les couleurs

blanc

blanc

groc

jaune

taronja

orange

rosa

rose

vermell

rouge

lila

violet

blau

bleu

verd

vert

marró

marron

gris

gris

negre

noir

molt / poc
...............
beaucoup / peu

emprenyat / tranquil
...............
fâché / calme

bonic / lleig
...............
joli / laid

començament / fi
...............
le début / la fin

gran / petit
...............
grand / petit

clar / fosc
...............
clair / obscure

germà / germana
...............
le frère / la sœur

net / brut
...............
propre / sale

complet / incomplet
...............
complet / incomplet

dia / nit
...............
le jour / la nuit

mort / viu
...............
mort / vivant

ample / estret
...............
large / étroit

comestible / immenjable

comestible / incomestible

dolent / amable

méchant / gentil

entusiasmat / entediat

excité / ennuyé

gros / prim

gros / mince

primer / darrer

le premier / le dernier

amic / enemic

l'ami / l'ennemi

ple / buit

plein / vide

dur / tou

dur / souple

pesant / lleuger

lourd / léger

gana / set

faim / soif

malalt / sà

malade / sain

il·legal / legal

illégal / légal

intel·ligent / ximple

intelligent / stupide

esquerra / dreta

gauche / droite

prop / llunyà

proche / loin

86                    oposats - les oppositions

nou / usat
...............
nouveau / usé

res / quelcom
...............
rien / quelque chose

vell / jove
...............
vieux / jeune

encès / apagat
...............
marche / arrêt

obert / tancat
...............
ouvert / fermé

silenciós / sorollós
...............
faible / fort

ric / pobre
...............
riche / pauvre

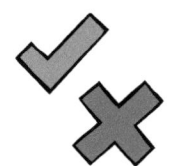

correcte / incorrecte
...............
correct / incorrect

aspre / suau
...............
rugueux / lisse

trist / content
...............
triste / heureux

curt / llarg
...............
court / long

lent / ràpid
...............
lent / rapide

humit / sec - eixut
...............
mouillé / sec

calent / fred
...............
chaud / froid

guerra / pau
...............
la guerre / la paix

## les nombres

**0**

zero

zéro

**1**

u

un

**2**

dos

deux

**3**

tres

trois

**4**

quatre

quatre

**5**

cinc

cinq

**6**

sis

six

**7**

set

sept

**8**

vuit

huit

**9**

nou

neuf

**10**

deu

dix

**11**

onze

onze

**12**

dotze

douze

**13**

tretze

treize

**14**

catorze

quatorze

**15**

quinze

quinze

**16**

setze

seize

**17**

disset

dix-sept

**18**

divuit

dix-huit

**19**

dinou

dix-neuf

**20**

vint

vingt

**100**

cent

cent

**1.000**

mil

mille

**1.000.000**

milió

le million

anglès

l'anglais

anglès americà

l'anglais américain

xinès mandarí

le chinois mandarin

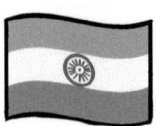

hindi

le hindi

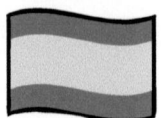

espanyol

l'espagnol

francès

le français

àrab

l'arabe

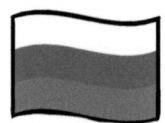

rus

le russe

portuguès

le portugais

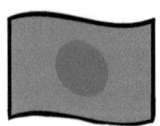

bengalí

le bengali

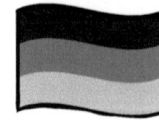

alemany

l'allemand

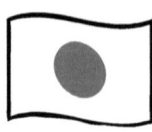

japonès

le japonais

jo
je

tu
tu

ell / ella / allò
il / elle

nosaltres
nous

vosaltres
vous

ells
ils / elles

qui?
qui?

què?
quoi?

com?
comment?

on?
où?

quan?
quand?

nom
le nom

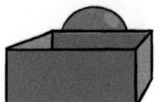

darrere

.......................

derrière

en

.......................

dans

davant de

.......................

devant

damunt

.......................

au-dessus

sobre

.......................

sur

sota

.......................

en-dessous

al costat

.......................

à côté de

entre

.......................

entre

lloc

.......................

le lieu